Vorgeschichte und Motivationen des deutsch-sowjetischen-nicht-Angriffsvertrags von 1939

Patrick Mooren

Bibliografische Information der Deutschen Nationalbibliothek:

Die Deutsche Nationalbibliothek verzeichnet diese Publikation in der Deutschen Nationalbibliografie; detaillierte bibliografische Daten sind im Internet über http://dnb.d-nb.de abrufbar.

ISBN: 9783389056813
Dieses Buch ist auch als E-Book erhältlich.

© GRIN Publishing GmbH
Trappentreustraße 1
80339 München

Alle Rechte vorbehalten

Druck und Bindung: Books on Demand GmbH, Norderstedt Germany
Gedruckt auf säurefreiem Papier aus verantwortungsvollen Quellen

Das vorliegende Werk wurde sorgfältig erarbeitet. Dennoch übernehmen Autoren und Verlag für die Richtigkeit von Angaben, Hinweisen, Links und Ratschlägen sowie eventuelle Druckfehler keine Haftung.

Das Buch bei GRIN: https://www.grin.com/document/1495828

Rheinische Friedrich-Wilhelms-Universität Bonn

Institut für Geschichtswissenschaft

Lehrstuhl für Osteuropäische Geschichte

Hauptseminar: Der Hitler-Stalin-Pakt und die Erinnerung

Die Vorgeschichte und die Motivationen des deutsch-sowjetischen-nicht-Angriffsvertrags von 1939

Patrick Mooren

Kernfach: Geschichte

Begleitfach: Politik und Gesellschaft

9. Fachsemester

Wintersemester 2022/23

Ab Mitte 1939 kam es zu einer zunehmenden Annäherung der Sowjetunion und dem Deutschen Reich, obwohl beide Länder verschiedene Ziele und vor allem unterschiedliche ideologische Grundsätze hatten. Die Sowjetunion fokussierte sich hauptsächlich auf „die Ausdehnung der proletarischen Revolution auf andere Länder und die Erhaltung und Stärkung des Sowjetstaates selbst."[1] Während Hitler primär seine antisemitische Politik verfolgte und eine territoriale Ausdehnung Deutschlands (vor allem im Osten) zur Schaffung eines autarken Systems anstrebte. Diese Hausarbeit beschäftigt sich daher mit der Frage, wie es möglich war, dass zwei ideologisch so unterschiedliche Länder ein Bündnis schlossen und welche Motivationen hinter dem geheim gehaltenen deutsch-sowjetischen-nicht-Angriffsvertrags vom 23. August 1939 standen.

Dafür wird zunächst ein ausführlicher Blick auf die Vorgeschichte der beiden Länder, beginnend mit der Weltwirtschaftskrise 1929, geworfen. Denn hier erkennt man eine deutliche Zusammenarbeit, die für beide Seiten vorteilhaft war und zu neu geknüpften Beziehungen führte. In einem weiteren Schritt wird dann nochmal genau auf die wirtschaftlichen sowie militärischen Motivationen des Vertrags geschaut. Abschließend folgt dann im Fazit eine Zusammenfassung der wichtigsten Aspekte, die zum Vertrag zwischen Hitler und Stalin geführt haben.

Im Folgenden soll wegen Lesefreundlichkeit der Begriff Hitler-Stalin-Pakt verwendet werden, gemeint ist aber der deutsch-sowjetische-nicht-Angriffsvertrag.

Die wichtigsten Werke, auf denen diese Hausarbeit beruht sind, zum einen Claudia Webers Buch zum Hitler-Stalin-Pakt – hier geht die Autorin ausführlich auf die Vorgeschichte des Paktes ein – und zum anderen der etwas ältere Aufsatz von Sebastian Loitsch, der sich mit den wirtschaftlichen - und militärischen Motivationen des geheimen Bündnisses beschäftigt.

Wenn man sich mit den Motivationen des Hitler-Stalin-Paktes beschäftigt, ist es unerlässlich ein Auge auf die Vorgeschichte der beiden Länder zu werfen. Besonders entscheidend dafür ist das Schicksalsjahr 1929. Bis dahin lässt sich die offizielle politische Beziehung der beiden Länder mit dem Begriff der „freundlichen Distanz"

---

[1] Hilger, Kreml, S. 104.

charakterisieren.[2] Dies änderte sich allerdings durch den Börsencrash vom 24. Oktober 1929 und der damit einher gehenden Weltwirtschaftskrise. Denn die USA, welche eine Reihe von Krediten bereitstellten, fielen als Wirtschaftsmotor aus. In der Folge brach der Welthandel zusammen und der freie Handel der Nachkriegsjahre wurde durch Protektionismus, Schutzzölle sowie die Abschottung der nationalen Märkte ersetzt.[3]

Für Deutschland bedeutete das vor allem einen immensen Produktionsrückgang, hohe Arbeitslosigkeit und soziale Verelendung. Deshalb suchte Deutschland neue Märkte, die im Osten lagen. Auf der anderen Seite profitierte Stalins Sowjetunion von der Krise des Westens, denn während die westlichen Nationen von Armut geprägt waren, präsentierte Stalin den ersten Fünfjahresplan für die Modernisierung der Sowjetunion im Zuge seiner ,Revolution von oben.' Dafür benötigte er nicht nur Kredite, sondern auch Maschinen und ganze Fabrikanlagen aus dem Ausland.[4]

Diese stellten ihm – die durch die Krise wirtschaftlich und finanziell geschwächten – deutschen Unternehmen und Banken auf der Suche nach neuen Absatzmärkten bereitwillig zur Verfügung.[5] Dabei wurden die deutschen Millionen Kredite an die Bedingung gebunden, mit dem Geld Maschinen und Industriegüter aus Deutschland zu importieren und „im ersten Halbjahr1932 bezog die Sowjetunion über die Hälfte der deutschen Gesamtausfuhr an Formeisen, Nickelmetallen und ähnlichen Waren, 60% aller von Deutschland ins Ausland verkauften Bagger und Dynamomaschinen, 70% aller Metallbearbeitungsmaschinen, 80% der exportierten Kräne, Bleche und Lokomobilen, 90% aller Dampf- und Gasturbinen sowie Dampfpressen."[6] Letztlich half der Handel mit der Sowjetunion Deutschland aus der Krise und „die Zwänge der Weltwirtschaftskrise und des Fünfjahresplans [der Sowjetunion] belebten und festigten die Handelsbeziehungen zwischen Deutschland und Stalins Sowjetunion."[7]

Die Zusammenarbeit beider Staaten war jedoch nicht nur auf die Wirtschaft beschränkt, gerade im Bereich der militärischen Kooperation zwischen der Reichswehr

---

[2] Weber, Der Pakt 2019, S. 19.
[3] Vgl. Sellen, Geschichte, S. 101f.
[4] Vgl. Weber, Der Pakt, S. 21f.
[5] Vgl. Weber, Der Pakt, S. 22.
[6] Hilger, Kreml, S. 230f.
[7] Weber, Der Pakt 2019, S. 23.

und der Roten Armee zeigen sich einige gemeinsame Interessen und Pläne.[8] Zum Beispiel die Eröffnung der Panzerschule in Karsan im Dezember 1926, die zu einer der wichtigsten Ausbildungsstätte für Panzeroffiziere, welche im zweiten Weltkrieg eine nicht unerhebliche Rolle spielen sollten, wurde.[9] Oder die im Jahr 1925 eröffnete Fliegerschule in Lipezk mit deren Hilfe die Beschränkungen des Versailler Vertrags umgangen werden konnten. Die Schule wurde außerdem ein zentraler Ort für die Jugendfliegerausbildung sowie die geheime Wiederaufrüstung der Deutschen. Im Gegenzug bekam die Rote Armee Einblicke in die deutsche Entwicklung der Flugzeugindustrie. Folglich kann man sagen: „ohne die militärische Kooperation jener Jahre hätte weder die Reichswehr noch die Rote Armee den Anschluss an die internationale Militärentwicklung gehalten."[10]

Durch die ideologische Wende in den 1930er Jahren in Deutschland, deren Höhepunkt die Ernennung Hitlers zum Reichskanzler am 30. Januar 1933 darstellte, verschlechterte sich das zwischenstaatliche Verhältnis beider Länder. Der ideologische Wandel äußerte sich für die Sowjetunion vor allem in der meist brutalen Ermordung (deutscher) Kommunisten sowie Hitlers Reden und seinem Buch „Mein Kampf" in dem er offen von der „Vergiftung der Welt durch den Bolschewismus" und der „Erweiterung des Lebensraums im Osten" spricht. Zudem kam es vermehrt zu Übergriffen auf sowjetische Einrichtungen.

Nichtsdestotrotz wollte die sowjetische Regierung eine Eskalation vermeiden und glaubte daran, dass sich der revolutionäre Sturm legen würden und hoffte dass in Deutschland die realpolitische Pragmatik obsiegen werde.[11] Der sowjetische Politiker und Verwandte Stalins, Abel Jenukidse erklärt dazu, dass „der Annährung der Interessen beider Staaten [...] keine Hindernisse mehr in den Weg gelegt werden."[12] Diese Hoffnungen Stalins wurden allerdings enttäuscht, da Hitler anfangs keinen Nutzen in einer interpedanten Beziehung zu Moskau sah. Dies spiegelt sich auch in

---

[8] Die militärische Kooperation beider Länder lässt sich vor allem auf Karl Radek zurückführen, der schon vor dem Vertrag von Rapallo 1922 durch seine enge persönliche Beziehung zum neuen Reichswehrchef Hans von Seeckt für ein gutes Verhältnis sorgte.
[9] Vgl. Weber, Der Pakt 2019, S. 24.
[10] Weber, Der Pakt 2019, S. 25.
[11] Vgl. Weber, Der Pakt 2019, S. 28f.
[12] Besymenski, Stalin und Hitler, s. 69.

der Aussage des deutschen Botschafters Herbert von Dirksen wider: „Das Rapallo-Kapitel ist abgeschlossen."[13]

Folglich ging die militärische Kooperation beider Länder stark zurück. 1933 wurde zunächst die gemeinsame Fliegerschule in Lipezk geschlossen, ebenfalls wurde das Erproben chemischer Kampfstoffe eingestellt und 1934 wurde die Rote Armee aus der Liste der befreundeten Armeen gestrichen und zu der, der potenziellen Gegner hinzugefügt.[14]

Daraufhin beginnt in Moskau eine Phase, die als Politik der kollektiven Sicherheit in die Geschichte einging. Denn Stalin bemühte sich um politische Beziehungen zu den Westmächten, insbesondere suchte er ein Bündnis mit Frankreich, Großbritannien und Polen. Dadurch sollte vor allem die Existenz der Sowjetunion gesichert werden und Nazideutschland als gefährlicher Aggressor dargestellt werden. Als Hauptakteur dieser Politik der kollektiven Sicherheit gilt der Außenkommissar Maxim Litwinow, der „ein gegen Hitler gerichtetes europäisches Sicherheitssystem über multilaterale Zusammenarbeit mittels bilateraler Verträge mit Frankreich, Polen, der Tschechoslowakischen Republik und zuvor bereits mit Finnland und Estland bis hin zu einem Ostpakt [an]strebte."[15]

1934 pries Stalin dann in Folge der Verhandlungen auf dem 17. Parteitag der KPdSU, dass der „Umschwung zum Besseren in den Beziehungen zwischen der UdSSR und Polen sowie zwischen der UdSSR und Frankreich eingetreten ist."[16] Gerade Frankreich, dass von der Weltwirtschaftskrise erst später als Deutschland, dafür aber härter betroffen war, schien einem Bündnis mit der Sowjetunion mit dem Ziel der Isolierung Deutschlands nicht abgeneigt[17] und beide Länder schlossen 1934 einen Handelsvertrag. Auch mit Polen konnte Moskau trotz antipolnischer Ressentiments 1932 einen Nichtangriffspakt schließen, allerdings währte dieser nicht lange, da Polen auch mit Deutschland einen Nichtangriffspakt einging, was Stalins Misstrauen schürte. Dank Litwinows Bemühungen wurde die Sowjetunion 1934 in den Völkerbund aufgenommen, wo sie durch die Unterstützung Frankreichs einen dauerhaften Sitz erhielten; Deutschland hatte den Bund bereits verlassen.

---

[13] Hilger, Kreml, S. 243.
[14] Hilger, Kreml, S. 76.
[15] Weber, Der Pakt 2019, S. 37f.
[16] So zitiert bei Besymenski, Stalin und Hitler, S. 63.
[17] Vgl. Weber, Der Pakt 2019, S. 36.

Allerdings hielt Litwinow auch in der Phase der kollektiven Sicherheit auf Geheiß von Stalin Beziehungen zu Nazideutschland aufrecht. So kam es, dass er bei einem Treffen mit dem deutschen Botschafter Graf von der Schulenburg in Moskau auf verlässliche Beziehungen zum faschistischen Italien hinwies.[18] Zudem vereinbarten die beiden im Oktober 1939 den Verzicht auf „direkte Angriffe gegen die beiderseitigen Staatsoberhäupter […] in Presse und Rundfunk" und vollzogen dadurch einen der ersten Schritte auf dem Weg hin zum Hitler-Stalin-Pakt.[19]

Währenddessen rückte der europäische Kontinent zunehmend nach rechts und viele Länder suchten ein Bündnis mit Deutschland. In Großbritannien gewann beispielsweise Chamberlains Appeasement-Politik, „die den Ausgleich mit dem faschistischen Deutschland einem Bündnis mit der Sowjetunion vorzog, die Oberhand."[20] Auch in Polen orientierte man sich durch den Einfluss von Außenminister Józef Beck zunehmend nach rechts und die Annäherung beider Staaten zeigte sich 1935 durch die Reise von Hermann Göring zur Trauerfeier des verstorbenen polnischen Ministerpräsidenten Józef Pilsudski nach Warschau. Hitler hielt sogar eine eigene Trauerfeier für den Ministerpräsidenten in Berlin ab.

So ahnte Maxim Litwinow schon im Sommer 1937, „dass die Kräfte, die für den Frieden stehen, weniger resolut, weniger energisch und weniger vereint sind als die Kräfte, die ihnen gegenüberstehen."[21] Ergo verständigten sich die Westmächte zunehmend mit dem faschistischen Deutschland (und Italien) und störten dadurch die Sicherheitsinteressen Moskaus.

Nachdem Hitler im Spanischen Bürgerkrieg die Wehrmacht erstmals ausgiebig testen konnte und sah, dass die Westmächte ihre Appeasement-Politik weiterführten, fühlte er sich bereit zur Lösung der „deutschen Frage" am 12.März 1938 in Österreich einzumarschieren und dieses an Deutschland „anzugliedern." Da auch hier die Westmächte den „Anschluss" hinnahmen und es keine Konsequenzen gab, drohte das Deutsche Reich mit dem Einmarsch in die Tschechoslowakei und angesichts der akuten Kriegsgefahr tritt auf Initiative Mussolinis eine Viermächte Konferenz bestehend aus England, Frankreich, Italien und Deutschland in München zusammen,

---

[18] Herwarth, Hitler und Stalin, S. 123.
[19] Vgl. Weber, Der Pakt 2019, S. 39.
[20] Weber, Der Pakt 2019, S.41.
[21] Pope, Maxim Livinoff, S. 424.

welche alle Forderungen der Deutschen erfüllt.[22] Somit wird das Sudetenland 1938 an Deutschland „angeschlossen." Die Sowjetunion war nicht zur Konferenz eingeladen und die Politik der kollektiven Sicherheit scheiterte endgültig. Der sowjetische Politiker Iwan Michailowitsch Maiski schrieb in seinen Tagebüchern passend dazu: „[Der] Völkerbund und [die] kollektive Sicherheit sind tot."[23] Stalin nutzte dann die Demütigung der Münchener Konferenz, um das Ende der „litwinowschen" Außenpolitik zu rechtfertigen.[24]

Somit stellten die außenpolitischen Erfolge Deutschlands zunehmend eine Kriegsgefahr für Stalin dar, denn die Sowjetunion hatte Anfang 1939 – nach dem Scheitern der Politik der kollektiven Sicherheit – nur die Wahl zwischen wenigen Bündnispartnern. Ein Bündnis mit den Randstaaten scheiterte schon früh am geringen Entgegenkommen der anderen Länder.[25] Auch der sowjetische Versuch eines Beistandspaktes mit Polen scheiterte, da die polnische Regierung den Vorschlag am 10. Mai 1939 ablehnte. Somit konnte Moskau im Falle eines Krieges nicht mit militärischer Hilfe aus Warschau rechnen[26] und „die unbefriedigenden Ergebnisse der Verhandlungen über ein Militärbündnis mit den Westmächten Ende Juli 1939 veranlassten Stalin durch seinen [neu eingesetzten] Außenminister Molotow, auf eine Normalisierung der deutsch-sowjetischen Beziehungen hinzuarbeiten."[27] Dies zeigt auch das Gespräch zwischen dem sowjetischen Botschaftsrat Georgi Alexandrowitsch Astachow und einem bulgarischen Gesandten: „Wenn Deutschland die Erklärung abgeben würde, daß es die Sowjetunion nicht angreifen wolle oder mit ihr einen Nichtangriffspakt abschließen würde, so würde die Sowjetunion wohl von dem Vertragsabschluß mit England absehen."[28]

Denn schon seit Anfang April 1939 kann man sowjetische Bemühungen ein gutes Verhältnis auf diplomatischer Ebene mit Deutschland zu erarbeiten, erkennen. So kann auch die sowjetische Initiative, die am 3. Mai 1939 zur Ablösung des jüdischen Außenministers Litwinow führte „als Versuch Stalins verstanden werden, das angespannte deutsch-sowjetische Verhältnis zu entschärfen."[29] Tatsächlich war Hitler

---

[22] Vgl. Sellen, Geschichte, S. 122.
[23] Pätzold/ Rosenfeld, Sowjetstern, S. 93.
[24] Vgl. Weber, Der Pakt 2019, S. 44.
[25] Vgl. Loitsch, Der Pakt, S. 4.
[26] Vgl. Fleischhauer, Sowjetische Außenpolitik, S. 21ff.
[27] Loitsch, Der Pakt, S. 5.
[28] Akten zur Deutschen Auswärtigen Politik 1956, Nr. 529.
[29] Loitsch, Der Pakt, S. 6.

(unter anderem) durch die Ablösung Litwinows bereit für eine Umstellung gegenüber Stalins Sowjetunion.[30]

Folglich gab Molotow dann am 31. Mai 1939 die Wiederaufnahme der Wirtschaftsbeziehungen zwischen der UdSSR, Italien und Deutschland bekannt und Hitler sprach bereits im Juni 1939 von der Möglichkeit einer Etappe „des Gleichgewichts und der wirtschaftlichen Zusammenarbeit" zwischen Berlin und Moskau.[31] Spätestens nach den gescheiterten sowjetischen Verhandlungen mit Großbritannien und Frankreich Mitte August 1939 kommt es zu einem sichtbaren Entgegenkommen der Sowjetunion. In dessen Folge kam es am 16. August 1939 zu einem Gespräch zwischen den beiden Parteien. Hier wurde zum ersten Mal die Frage nach einem deutsch-sowjetischen Nichtangriffspakt erörtert.[32] Einen Tag später äußerte Molotow dann den Wunsch der Sowjetunion, nach einer angemessenen Übergangszeit, mit Deutschland einen Nichtangriffspakt abschließen zu wollen.[33]

Zunächst schlossen beide Länder ein Handelsabkommen am 19. August 1939 ab. Einen Tag später beendete Stalin die außenpolitischen Verhandlungen mit Frankreich und Großbritannien. Der Nichtangriffsvertrag wurde daraufhin am 23. August 1939 von den Außenministern Joachim von Ribbentrop und Wjatschelaw M. Molotow in Anwesenheit Stalins in Moskau unterzeichnet. In einem geheim gehaltenen Zusatzprotokoll des Bündnisses wurde die „Abgrenzung der beiderseitigen Interessensphären in Osteuropa" festgelegt; Punkt zwei vereinbarte de facto die Teilung Polens in zwei Besatzungszonen entlang „der Linie der Flüsse Narew, Weichsel und San."[34] Zudem wurde der Anspruch Litauens auf das Wilnaer Gebiet anerkannt.

Nachdem nun ein ausführlicher Blick auf die Vorgeschichte der beiden Länder hin zum Hitler-Stalin-Pakt geworfen wurde, sollen jetzt die wirtschaftlichen - sowie militärischen Motivationen Moskaus und Berlins genauer betrachtet werden.

---

[30] Vgl. Ripper, Weltgeschichte, S. 52.
[31] Vgl. Fleischhauer, Der Pakt, S. 237.
[32] Loitsch, Der Pakt, S. 6f.
[33] Vgl. Fleischhauer, Sowjetische Außenpolitik, S. 27ff.
[34] Vgl. Ackermann, Pakt, S. 343.

Zwar konnte Deutschland unter anderem durch die Münchner Konferenz einige außenpolitische Erfolge verzeichnen. Nichtsdestotrotz war das Deutsche Reich unter Hitler allerspätestens seit Juni 1939 größtenteils außenpolitisch isoliert und benötigte einen Handelspartner für die Absicherung kriegswichtiger Rohstoffe sowie Nahrungsmittel, um die Eroberungspläne Hitlers umsetzen zu können.

Die Sowjetunion auf der anderen Seite benötigte für die Verwirklichung des 3. Fünfjahresplanes, welcher die Ziele der sowjetischen Wirtschaft in den Jahren 1938 bis 1942 fixierte, nicht nur ein großes Rohstoffaufkommen, sondern auch Industrieausrüstung und Maschinen.[35] Hauptsächlich war Stalin aber an Technologieimporten interessiert, da sich die Sowjetunion (wirtschaftlich) auf eine große Offensive gegen Japan am 20. August 1939 im Osten des Landes vorbereitete. Außerdem bot das aus der realpolitischen Vorstellung und dem Wunsch der wirtschaftlichen Absicherung entstandene Handelsabkommen vom 19. August 1939 der Sowjetunion enorme Vorteile in Bezug auf den festgelegten Zinssatz für den Kredit von 200 Millionen Reichsmark mit dem sie deutsche Investitionsgüter einkaufen konnten. Im Gegenzug verpflichtete sich die UdSSR Waren im Wert von 180 Millionen Reichsmark zu liefern.

Hitler war zur Durchführung seiner außenpolitischen Ziele ebenfalls auf die Handelsbeziehungen mit der Sowjetunion angewiesen, denn trotz seiner Autarkiebestrebungen blieb Deutschland bis zur territorialen Erweiterung in Folge des Zweiten Weltkrieges ein rohstoffarmes Land, dass in hohem Maße importabhängig war: „Allein bei Mineralöl betrugen die Einfuhren 60 Prozent. Bei dem für die Herstellung von Panzerstählen notwendigen Chrom mussten nahezu 100 Prozent eingeführt werden."[36] Dieser Rohstoffbedarf erhöhte sich mit der zunehmenden Kriegsbereitschaft Hitlers tagtäglich. Zudem verschärfte sich die deutsche Devisenlage und behinderte dadurch zusätzlich die wirtschaftliche Handlungsfähigkeit Berlins. Deswegen überrascht es auch nicht, dass die ersten Initiativen zur Verbesserung der Wirtschaftsbeziehungen von Deutschland ausgingen. Aus dieser wirtschaftlichen Zusammenarbeit wuchs dann auch die Grundlage für die politische Verständigung der beiden Länder und man kann durchaus sagen: „Für Hitlers Angriffsabsichten

---

[35] Vgl. Loitsch, Der Pakt, S. 11.
[36] Loitsch, Der Pakt, S. 12.

gegenüber Polen war eine vertragliche Absicherung durch die Sowjetunion im Osten unverzichtbar."[37]

Neben Hitlers wirtschaftlichen Zielen zur Kriegsvorbereitung konnte er Deutschland durch einen Vertrag mit Stalins Sowjetunion auch militärische Vorteile zusichern. Denn eines seiner wichtigsten strategischen Ziele beim Abschluss des Vertrags war definitiv die Handlungsfreiheit im Kampf gegen den polnischen Nachbarn. Dabei war das primäre Ziel den Kampf auf nur eine Front zu beschränken, um so der Gefahr eines Zweifrontenkrieges auf Grund der geostrategischen Lage Deutschlands im Zentrum Europas zu entgehen. Denn Hitler ging davon aus, dass er im Falle eines Krieges gegen die Westmächte von Polen an einer zweiten Front angegriffen werden würde.[38] Somit sah er in der Eroberung Polens de facto eine Grundvoraussetzung für die weitere militärische Auseinandersetzung mit den Westmächten. Dabei war es entscheidend den Polenfeldzug lokal zu begrenzen, da Deutschland nicht genug Munitions- und Waffenvorräte besaß, was der spätere Kriegsverlauf zeigte.[39]

Ein weiterer Vorteil den sich Hitler durch den Pakt mit Stalin zusichern konnte, war die politische Isolierung der Sowjetunion. Außerdem hoffte er durch den Vertragsabschluss vom 23. August, dass die Rote Armee zeitgleich mit der Reichswehr in Polen einmarschieren würde und die Westmächte somit nicht nur Deutschland, sondern auch der Sowjetunion den Krieg erklären müssten, was eine Entlastung Deutschlands zu Folge hätte.

Für Stalin standen nach dem Scheitern der Politik der kollektiven Sicherheit vor allem sicherheitspolitische Gründe im Vordergrund seines Interesses und die zögernde Haltung des Westens, ein Militärbündnis mit der Sowjetunion einzugehen, führten zu einer Annäherung an Deutschland.[40] Auch wenn ein Konflikt zwischen den beiden Ländern (unter anderem auf Grund der ideologischen Verschiedenheiten sowie Hitlers öffentliche Drohungen) nahezu unvermeidlich war, wollte Stalin den militärischen Konflikt mit Deutschland so lange wie möglich hinauszögern.[41]

---

[37] Loitsch, Der Pakt, S. 12.
[38] Vgl. Loitsch, Der Pakt, S. 12.
[39] Vgl. Maser, Der Wortbruch, S. 130.
[40] Vgl. Loitsch, Der Pakt, S. 13.
[41] Vgl. Fleischhauer, F., Sowjetische Außenpolitik, S. 35ff. Fleischhauer spricht hier von einer „Beschwichtigungspolitik" der Sowjetunion, um den Konflikt so lange wie möglich hinauszuzögern.

Des weiteren forderte Stalin eine Garantieerklärung bezüglich des Baltikums sowie eine Verzichtserklärung hinsichtlich der ostpolnischen Gebiete.[42] Dadurch verzeichnete er nicht nur territoriale Gewinne, sondern es gelang ihm auch durch das Nichtangriffsversprechen die unmittelbare Kriegsgefahr einzudämmen und den Status quo aufrechtzuerhalten. [43] Zudem würde die Annexion Ostpolens sowie des Baltikums der Sowjetunion ein größeres strategisches Vorfeld Richtung Westen verschaffen, dass sie gegenüber einer Invasion weniger verwundbar machen würde.

Neben der Aufrechterhaltung des Status quo und der Hinauszögerung des militärischen Konflikts mit Deutschland, wollte Stalin ebenfalls einen Zweifrontenkrieg verhindern. Denn spätestens seit Mitte 1939 bereite sich die Sowjetunion auf eine Großoffensive im Osten des Landes gegen Japan vor. Folglich drohte im Westen ein Angriff Deutschlands und im Osten hatte im Mai 1939 der sowjetische Konflikt im mongolisch-mandschurischen Grenzgebiet begonnen.[44] Die Gefahr eines Zweifrontenkrieges verstärkte sich noch zusätzlich durch die englische Unterstützung Japans, so dass Stalin die Bildung einer deutsch-britisch-japanischen Interessensgemeinschaft gegen die UdSSR nicht mehr ausschließen konnte und bereit war ein Bündnis mit dem nationalsozialistischen Deutschland eizugehen. [45]

Alles in allem lässt sich durch die Weltwirtschaftskrise 1929 eine erste Annäherung der beiden Länder erkennen, von der beide Seiten profitieren. Auch auf militärischer Ebene konnten Deutschland und die Sowjetunion von der gemeinsamen Kooperation, wie zum Beispiel die Fliegerschule in Lipzek oder die Panzerschule in Karsan, einen Vorteil für sich ziehen.

Während der europäische Kontinent zunehmend nach rechts rückte, trat in Moskau die Politik der kollektiven Sicherheit ein und die Interaktion zwischen Berlin und Moskau flachte ab. Nichtsdestotrotz bemühte Stalin sich um die Aufrechterhaltung diplomatischer Beziehungen zu Deutschland.[46] Diese werden aber erst 1939 – nach dem Scheitern der Politik der kollektiven Sicherheit – von Hitler in Betracht gezogen. Denn das außenpolitisch isolierte Deutschland benötigte kriegswichtige Rohstoffe, um

---

[42] Vgl. Ackermann, F., Pakt, S. 343.
[43] Vgl. Fleischhauer, F., Sowjetische Außenpolitik, S. 35ff.
[44] Für weitere Informationen zu Kriegsverlauf siehe beispielsweise: Krebs, Japan, S. 565f.
[45] Vgl. Loitsch, Der Pakt, S. 14.
[46] Herwarth, Hitler und Stalin, S. 123.

Hitlers territoriale Erweiterungspolitik in die Tat umsetzen zu können. Zudem wollte Hitler unbedingt einen Zweifrontenkrieg verhindern, um ungestört in Polen einmarschieren zu können.

Für Stalin – der ebenfalls einen Zweifrontenkrieg verhindern wollte – standen vorrangig sicherheitspolitische Interessen im Vordergrund. Außerdem wollte er den bevorstehenden Krieg mit Deutschland möglichst lange hinauszögern und war dafür bereit Hitler entgegenzukommen. Zum Beispiel durch die Entlassung des jüdischen Außenkommissar Maxim Litwinow. So kam es dann am 19. August 1939 zunächst zu einem Handelsabkommen, dass die Wirtschaft beider Länder auf die bevorstehenden Kriege vorbereitete und letztlich am 23. August 1939 zu dem geheimen deutsch-sowjetischen-nicht-Angriffsvertrag, der die Eroberung Polens und damit den Beginn des 2. Weltkrieges zur Folge hatte.

Quellen

- Akten zur deutschen auswärtigen Politik, Serie D, Bd. VI. Baden-Baden: Imprimerie Nationale, 1956.

Literatur

- Ackermann, F., Hitler-Stalin-Pakt. Die vierte Teilung Polens?, in: Hahn, H., Traba, R. (Hrsg.): Deutsch-Polnische Erinnerungsorte, bd.1, S. 343-359, Paderborn 2015.
- Besymenski, L., Stalin und Hitler. Das Pokerspiel der Diktatoren, Berlin 2006.
- Fleischhauer, F., Der Pakt: Hitler, Stalin und die Initiative der deutschen Diplomatie 1938-1939. Berlin [u.a.] 1990.
- Fleischhauer, F., Die sowjetische Außenpolitik und die Genese des Hitler-Stalin-Paktes, in: Wegner, B. (Hrsg.): Zwei Wege nach Moskau, S. 19-39, München 1991.
- Herwarth, H. v., Zwischen Hitler und Stalin. Erlebte Zeitgeschichte 1931 bis 1945, Frankfurt am Main 1982.
- Hilger, G., Wir und der Kreml. Deutsch-sowjetische Beziehungen 1919-1941. Erinnerungen eines deutschen Diplomaten, Frankfurt am Main 1964.
- Krebs, G., Japan und der deutsch-sowjetische Krieg 1941, in: Wegner, B. (Hrsg.): Zwei Wege nach Moskau, S. 564-583, München 1991.
- Loitsch, S., Der Hitler-Stalin-Pakt: Ursachen, Hintergründe und Bedeutung, München 1997.
- Maser, W., Der Wortbruch: Hitler, Stalin und der zweite Weltkrieg, München 1994.
- Pätzold, K./ Rosenfeld, G. (Hgg.), Sowjetstern und Hakenkreuz 1938-1941. Dokumente zu den deutsch-sowjetischen Beziehungen, Berlin 1990.
- Pope, A. U., Maxim Livinoff, New York 1943.
- Sellen, A., Geschichte 2, Oldenburg 2010.

- Weber, C., Der Pakt. Stalin, Hitler und die Geschichte einer mörderischen Allianz 1939-1941, München 2019.
- Ripper, W., Weltgeschichte im Abriß. Die nationalsozialistische Außenpolitik und der Zweite Weltkrieg, Frankfurt am Main 1977.